Schlicht und Dicht Kunst

Elisa Adam

Schlicht und

Dicht

Kunst

Mit Illustrationen der Autorin

4. erweiterte, aktualisierte Auflage 2026
© 2023 Elisa Adam

Lektorat: Emily Pilz, Helen Bernhardt
Buchgestaltung: Christine Tscherny
Verlag: BoD · Books on Demand GmbH, Überseering 33,
22297 Hamburg, bod@bod.de
Druck: Libri Plureos GmbH, Friedensallee 273,
22763 Hamburg

ISBN: 978-3-7578-1442-7

Inhalt

Drei Fragen an mich selbst zu Beginn:

Wer bin ich eigentlich, dass ich ein Buch mit meiner Kunst veröffentliche?
Mein Name ist Elisa Adam, ich bin derzeit 28 Jahre alt (zur 1. Auflage 25 Jahre) und schreibe seit ein paar Jahren Gedichte. Meistens nutze ich Gedichte, um mich mit Dingen auseinanderzusetzen, die mich beschäftigen, traurig oder glücklich machen.

Warum als Buch?
Auch wenn ich zu dieser Generation *Social Media* gehöre, finde ich, dass das gedruckte Wort nochmal einen anderen Stellenwert hat. Ich möchte mit diesem Buch meinen Zeichnungen und Gedichten einen angemessenen Rahmen bieten.

Was soll dieses Buch bewirken?
Ich möchte einerseits meine Kunst »unter die Leute bringen« und andererseits andere Menschen dazu ermutigen, auch selbst zu schreiben und sich mit verschiedenen Kunstformen auseinanderzusetzen.

Viel Spaß beim Entdecken.

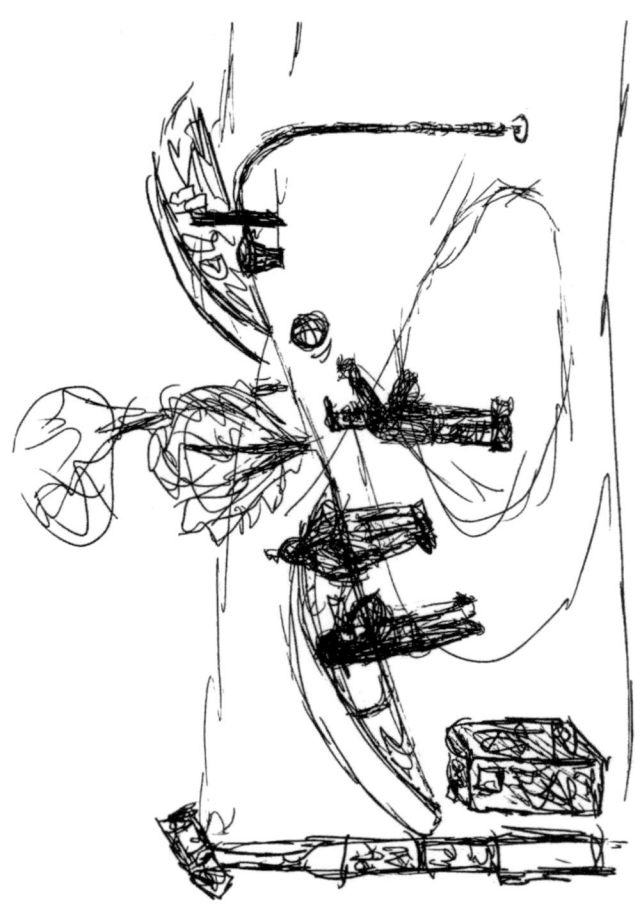

► Heizhaus, Kinder- und Jugendtreff – Leipzig-Grünau

► Rad Tanke – Leipzig-Ost

► Ein Bierchen

1 Fragen, Fragen, Fragen

Generation »zu viel Option'«
lebt so oder total monoton.
Zu viele Dinge, die man machen kann,
aber irgendwie fängt man keins davon an.
Stattdessen überlegt man lieber weiter
& kommt keinen Sprossen höher auf der Leiter.
Man muss ja auch an seine Zukunft und Familie
    denken
& darf sich bloß nicht von Träumereien oder Fantasien
    ablenken.
Also hat man eigentlich gar keine Wahl?
& verschiebt solche Gedanken einfach aufs »nächste
    Mal«?
Denn schließlich haben ja alle Erwartungen an ein'
& die sind wichtiger, als sich selbst treu zu sein.
Denn wenn wir wirklich so viele Optionen hätten,
warum ist das Leben dann manchmal so schwer,
    als hätte es Ketten?
Gibt es denn wirklich richtige Freiheit?
Oder reden wir uns das nur ein, damit uns
    ein kleiner Trost bleibt?
Die Antwort will ich ehrlich gesagt gar nicht wissen,
sonst würde ich den Gedanken an Freiheit
    nur vermissen.

Wie viel bin ich selbst wert
& durch was wird der Selbstwert verzerrt?
Wieso ist man zu sich selbst immer am strengsten?
Liegt das an den eigenen Ängsten?
& ist es besser diese zu kennen oder zu verdrängen?
Zu verdrängen mit unzähligen Konsummengen?
Oder zeugt es von wahrer Größe sich diese einzuge-
 stehen
& langsam im eigenen Tempo darauf zu zugehen.
Ich glaube jeder gibt sich einen eigenen »Wert«,
doch dieser wird gelegentlich von gesellschaftlichen
 Konstrukten verzerrt.
Denn einen »Wert« kann ein Mensch doch gar nicht
 haben,
außer man vergleicht sich mit irgendwelchen Vorgaben.
Du fragst Dich selbst, wie viel Du »wert« bist?
Ich hoffe, dass Du diese Frage schnell wieder vergisst.
Dein Lachen und Dein Wein'
 sind genauso wichtig wie Regen und Sonnenschein.
Vielleicht sollte man sich selbst keinen Wert geben
& stattdessen lieber in das Leben hineinleben.

Was macht das Leben so lebenswert?
Was sind die Situationen warum man das Leben ehrt?
Was macht den Alltag zu einem besonderen Tag?
Was macht das aus, was ich besonders mag?
Ich glaube, lebenswert macht das Leben, was es
    anders macht,
egal ob man feiert, schweigt, weint oder lacht.
Ich glaube, wir dürfen nicht so streng zu uns selbst sein,
doch sowas weiß man immer erst im Nachhinein.
Darum sollte man das Leben im Moment leben
& so viel, wie man selbst will, dafür geben.
Man sollte probieren, sich nicht von anderen stressen zu
    lassen.
Schließlich trägt man sonst ja auch »nur« die Schuhe, die
    einem selbst passen.
Ja, ich glaube, »passende Schuhe« und schöne Momente
    machen das Leben lebenswert.
So hätte ich mir die Frage mit dem lebenswerten Leben
    einfach erklärt.

Wo will ich eigentlich hin?
& woher soll ich das wissen, wenn ich nicht mal weiß,
  wer ich bin?
Zu wem möchte ich eigentlich dazu »gehören«?
& warum gibt es Meinungen, die mich so sehr stören?
Doch muss ich mich überhaupt irgendwem anpassen?
Oder sollte ich lieber die Finger von solchen Ideen
  lassen?
Oder gebe ich einfach so oft meinen Namen bei Google
  ein
bis irgendein Treffer meint: »So sollst Du sein!«
Doch kann man sich so oder anders finden?
Oder werden durch Google-Suchen nur Interessen
  verschwinden?
Wie kann man sich von sozialen Zwängen und Mei-
  nungen befreien?
Wie lernt man glücklich – und sich selbst zu sein?
Ich glaube, indem man anfängt, Alles zu hinterfragen.
Wie zum Beispiel: »Warum gehe ich eigentlich arbeiten
  an so vielen Tagen?«
Warum will ich keine »Ausländer« in »meinem« Land
  haben?
& warum traue ich mich nicht, neue Dinge zu wagen? ▸

Doch jeder Versuch ist mindestens eine Erfahrung
  mehr
& ich glaube, dass braucht man um sich selbst zu finden
  sehr.
Ich weiß, es ist schwer, einen *Fick* auf die anderen
  Meinungen zu geben,
doch eigentlich sind anderen Meinungen alle egal,
  denn es ist dein Leben.

Habe ich ein Problem mit meiner Weiblichkeit?
Aber ich mag mich doch auch im Kleid.
Muss man sowas überhaupt hinterfragen?
Oder muss ich jetzt anfangen, mehr Make-up zu
    tragen?
Ich hatte doch bereits meine Phase mit Push-up-BH
    und co,
aber mittlerweile fühle ich mich ohne einfach freier
    und froh.
Erst brauchte ich viele Männer, die mir sagten, wie toll
    ich doch sei.
Jetzt schaffe ich das ganz allein und fühle mich dabei frei.
    Ja okay, ich schaue mich nicht so oft im Spiegel an,
aber liegt das daran, dass ich mein Spiegelbild nicht
    ertragen kann?
Eigentlich bin ich doch eine attraktive Frau,
doch ohne eigentlich, ich bin schön wie ein Pfau!
Also muss ich mir da auch nicht reinreden lassen
& werd' das sinnlose Zerdenken einfach sein lassen.

Neben meinen Gedichten will ich in diesem Buch auch meinen kleinen Zeichnungen einen Raum geben. Diese entstehen oft spontan in den unterschiedlichsten Momenten und fangen mein Leben auf eine andere Art und Weise ein. Auch hier ist das Zeichnen ein Prozess und vielleicht erkennst Du schon Unterschiede zwischen den ersten und letzten Zeichnungen in diesem Buch. ▶

► Tee am Morgen 5:47 Uhr

► Poetry-Slam-Wettbewerb in Jena

2 Herzschmerz und Einsicht

Natürlich sind alle meine Texte auf irgendeine Art und Weise biographisch, aber die folgenden Gedichte spiegeln den Werdegang meiner Reflexion und Entwicklung in Bezug zu meinen Eltern wider. Dabei habe ich den Kontakt zu meinem Vater, seitdem ich 14 Jahre alt bin, aufgrund seiner Alkoholsucht abgebrochen.

Nach dem Kontaktabbruch schrieb er mir 8 ½ Jahre später per E-Mail: »Wie geht's Dir? Gruß Günter«

Diese innerliche Überforderung hatte zur Folge, dass ich mein erstes Gedicht schrieb. ▶

»Wie geht's Dir?«, schreibt er mir.
»Gut und Dir?« – Trinkst Du nach wie vor so viel Bier?
Wie ist es so ohne Tochter zu leben?
Ist es wie ein Herbst ohne Regen?
Zwar bunt und mild,
doch da fehlt etwas in diesem Bild.
Doch Du wolltest es so,
& im Nachhinein bin ich darüber froh.
Fast acht Jahre ist es nun her und der Gedanke daran fällt
    mir schwer.
Weißt Du noch? Wir wollten zusammen im Herbst
    Drachensteigen gehen.
Doch diese Vorstellung konnte ich nur in meinen
    Träumen sehen,
denn stattdessen gingst Du lieber in eine Bar
& warst nicht für Deine Tochter da.
Jetzt schreibst Du mir diese kurze Nachricht per Mail.
Das ist doch nicht dein Ernst, sondern ein Fail?!
Warum zur Hölle tust Du mir das an?
Ich habe mittlerweile gelernt, wie man allein einen
    Drachen basteln kann.
Denn auch ohne Abitur
blieb ich auf der richtigen Spur.
Dank Dir konnte ich mich auf niemanden mehr
    verlassen
& musste meine Träume ganz allein anfassen. ►

Ich habe es geschafft, Gott weiß wie,
aber ich hoffe, Du erkennst die Ironie!
Von Deinen Lügen und leeren Versprechungen habe ich
    die Schnauze voll
& ich frage mich ernsthaft, was Deine Nachricht soll?!
Der Schmerz in meinem Herz reicht mir,
drum sag ich jetzt tschüss in bester Manier!
Obwohl ich Dich in wichtigen Jahren nicht an meiner
    Seite hatte,
mach Dir mal um mich keine Platte!
Also mir geht es gut,
denn ich trage in mir ganz viel Mut.
Wie es Dir ergeht, interessiert mich nicht,
weil sonst nur wieder mein Herz zerbricht!
Dennoch lass es Dir gut gehen,
aber ich mag Dich nie wiedersehen!

Und weitere Gedichte folgten …

Du siehst mir zwar in mein Gesicht,
doch es fühlt sich an als siehst Du mich nicht.
Dein Blick ist es, der an mir nagt,
der alles und dennoch nichts sagt,
als würden Deine leeren Augen
mir all meine Energie rauben.
Dabei kann ich Dich doch gerade direkt vor mir sehen,
doch es fühlt sich an als würdest Du auf einem anderen
 Gleis stehen.
Wie es in mir drin aussieht, kommt eh nicht bei Dir an,
aber ich merke, wie mich Deine Abwesenheit verletzen
 kann.
Ich weiß, in Deinen Gedanken bist manchmal nur Du
 selbst,
aber Du vergisst dabei, wie sehr Du in Selbstmitleid zer-
 fällst.
Sei doch einfach hier! Im Hier und Jetzt, bei mir!
Doch ich muss akzeptieren lernen, dass Du manchmal
 nun mal so bist.
& damit umgehen lernen, auch wenn es mich innerlich
 zerfrisst.

Wir schreiben hin und her
& ich erfahre langsam immer mehr.
Immer mehr über Dich
& dadurch auch über mich.
Ich weiß, Du kannst nicht alle meine Fragen verstehen,
aber Dein Versuch mir zu antworten, lässt mich darüber
    hinwegsehen.
Ich weiß nicht, ob Du merkst wie sehr ich das brauch,
aber ich merke, Du brauchst den Austausch auch.
Manchmal frage ich mich, wo er uns wohl hinbringt
& ob uns dadurch ein besseres Verhältnis gelingt.

Ich weiß, Du schreibst mir noch,
doch in meinem Herzen ist und bleibt ein kleines Loch.
Obwohl Loch ist zu krass gesagt,
es ist eher so, als ob hin und wieder was an mir nagt.
Es fühlt sich eher an, wie eine kleine Lücke
oder ein fieser Stich von einer Mücke.
Ich wollte halt mehr von Dir wissen,
doch der Kontakt zu Dir ist nun mal abgerissen.
Du konntest mir zwar auf einige Fragen eine Antwort
    geben,
aber ich merke, dass ich Dich nicht brauch in meinem
    Leben.
Ich weiß, Du willst weiterhin Kontakt haben,
doch mir reichten Deine paar Angaben.
Damals wolltest Du nicht zu mir stehen
& jetzt will ich meinen Weg ohne Dich gehen.
Als hätte das Schicksal Dich eingeholt
& dein Leben sich umgepolt.
Doch bei mir ist es in der Tat genauso,
aber statt einsam, bin ich jetzt lebensfroh.

Du hast nicht alles falsch gemacht, aber auch nicht alles
   richtig.
Denn Du hattest nicht die Mittel oder es war Dir nicht so
   wichtig.
Doch was bringt es mir jetzt sinnlos traurig zu sein?
Wenn ich *einfach* lernen kann, Dir zu verzeih'n.
Dann gibt es endlich wieder Frieden zwischen uns beiden
& keine von uns muss den anderen meiden.
Stattdessen können wir jetzt wieder viel miteinander
   reden und lachen,
sowie Schachspielen und noch andere verschiedene Dinge
   machen.
Ich nehme Dich jetzt so an, wie Du bist,
denn das ist das Einzige, was wirklich sinnvoll ist.

► Chillen am See

► Sächsische Schweiz

3 Die wilde Gedicht-
mischung

Ich kaufe prinzipiell Menschen, die auf der Straße sitzen bzw. leben, gern etwas zu essen. Dabei frage ich vorher immer was sie auch haben wollen. Als ich dies damals in Oldenburg gemacht habe, ist danach dieses Gedicht entstanden. ▶

Mein Herz das brennt,
denn ich habe gerade mit jemanden gesprochen,
   der auf der Straße pennt.
Er gehört nicht zu diesen *Sozialschmarotzern* von denen
   »alle« sprechen.
Für ihn muss kein Großverdiener seine Steuern
   blechen.
Nicht einmal der Staat muss für ihn zahlen
& kann mit weniger Arbeitslosenzahlen prahlen.
Was ist das denn bitte für ein fragwürdiges System?
Denn *das* und nicht der Obdachlose ist das Problem.
Er ist weder faul noch bequem,
doch traut sich nicht mehr zum Amt zu geh'n.
Denn dort weist man ihn immer nur sinnlos weiter
& er kommt keine Sprosse höher auf der Sozialamts-
   leiter.
Also schläft er lieber seit 10 Jahren im Stadtpark,
aber Parteien wie CDU und FDP machen sich lieber für
   »die Reichen« stark.
So kaufe ich ihm beim nächsten Dönerladen etwas zu
   essen.
Wünsche ihm einen schönen Tag und sag': »Danke, ich
   werde das Gespräch nie vergessen.«

In mir spüre ich gerade etwas Melancholie,
als wäre in meinem Kopf heute eine ruhigere Melodie.
Es ist zwar trotzdem eine schöne,
aber es erklingen nur vereinzelt Töne.
Als würden heute die Pausen den Takt angeben
& deswegen fühlt es sich ruhiger an in meinem Leben.
Doch ab und zu brauche ich das
& ich genieße die tiefen Töne vom Bass.
Also lass ich diese weiter in meinem Kopf erklingen
& genieße die Auszeit zum Runterbringen.

Manchmal strengt einen alles einfach an
& es gibt nichts, was man dagegen tun kann.
Der Tag vergeht nur langsam und schwer
& irgendwie fühlt man sich selbst so leer.
Doch man hat gar keinen Grund, nicht zufrieden zu
    sein.
Außer vielleicht, dass es regnet und es fehlt der Sonnen-
    schein.
Man fühlt sich einfach wie eine vertrocknete Pflaume
& man hätte gerne eine Ursache für die miese Laune.
Ich glaube solche Tage muss es auch mal geben.
Mal läuft es gut, mal schlecht, so ist das eben.

Ich habe neulich übers Erwachsenwerden nachgedacht
& habe dabei leichtsinnig gelacht.
Andauernd mach ich mir deswegen 'ne Platte
& es gab einige Ängste, die ich deswegen hatte.
Doch ich frag mich:
Warum eigentlich?
Ich glaube, weil Erwachsene oft langweilig sind
& ich glaub, weil ich das ziemlich scheiße find.
Als Kind will man unbedingt endlich erwachsen sein,
doch ist man es, verliert das Erwachsenwerden seinen
    Schein.
Von der Steuererklärung bis zum Mietrecht,
wenn ich nur daran denke, wird mir schlecht.
Doch warum schieben so oft Erwachsene Langeweile?
Dabei hat doch »groß« sein auch so viele Vorteile.
Endlich kann man alles machen was man will:
Von einfach nur chillen bis heute bin ich total schrill.
Von healthy bis fastfood kann man alles essen
& wenn man keine Lust hat, kann man auch mal seine
    Termine »vergessen«.
Man kann von jetzt auf gleich irgendwo hinreisen
& auf die Meinung anderer einfach scheißen.
Man kann jetzt endlich alles tun, was man als Kind immer
    wollte
& muss nicht mehr das machen, was man normalerweise
    sollte. ►

Jetzt habe ich noch weniger Angst vor dem Erwachsen-
   werden,
denn wenn man das weiß, fühlt sich das Leben an, wie der
   Himmel auf Erden.

Ich wünschte, es wäre mir egal, ob ich Respekt verdiene
oder Geld,
& manchmal wünschte ich, ich wäre mein eigener
Alltagsheld.
Ich wünschte, ich wäre so stark, wie viele von mir
denken,
& ich wünschte, ich könnte mich selbst von solchen
scheiß Gedanken ablenken.
Ich wünschte, ich könnte immer alles so umsetzen, wie
ich es mir vorstelle,
stattdessen entdecke ich in meinem Leben nur noch eine
Baustelle.
Ich wünschte, dass würde mir nicht so auf die Nerven
gehen
& ich könnte über solche Probleme drüber stehen.
& ich wünschte, ich würde endlich einsehen,
dass es menschlich ist, sich Schwächen einzugestehen.
Manchmal fühlt sich einfach »alles«, wie die Hölle auf
Erden an,
aber man darf dann nie vergessen, dass es danach nur
besser werden kann.

Manchmal wünschte ich, ich würde nicht so viel
  verstehen.
Manchmal wünschte ich, ich würde statt links mal gera-
  deaus gehen.
Manchmal wünschte ich, es wäre mir egal, dass der
  Klimawandel uns früher oder später alle ficken wird.
Manchmal wünschte ich, es wäre mir egal, dass eine Biene
  ohne Hoffnung auf eine Blume durch diese Welt irrt.
Manchmal wünschte ich mir einfach mehr Zeit und Hoff-
  nung das zu ändern
& mehr Bereit- und Freiwilligkeit in mehreren Ländern.
Manchmal wünschte ich mir einfach, dass das Problem
  von allein weggeht
& in der Politik durch logisches Denken ein anderer
  Wind weht.
Ich merk schon: Ich habe viel zu viele Wünsche aufge-
  stellt.
Die Frage ist nur, welche erfüllen wir uns und unserer
  Welt.

Zeit ist das größte Privileg,
weil ohne die Zeit gar nichts geht.
Ich habe manchmal das Gefühl, ich würde ein Wett-
rennen mit der Zeit machen,
doch diese läuft immer schneller und schneller und wird
über mich nur lachen.
Ich habe keine Chance, außer sie »sinnvoll« zu nutzen.
Doch was ist schon »sinnvoll«? Soll ich anfangen das Bad
zu putzen?
Warum fühle ich mich von dieser Zeit so unter Druck
gesetzt?
Habe ich Angst, dass mich jemand in dieser Leistungs-
gesellschaft ersetzt?
Wenn ja, warum leben wir dann in so einer Gesell-
schaft?
Voller Stress, Angst und Ungeduld – das ist doch ekel-
haft!
Wieso bekommt man kein Lob für: »Ich habe mir heute
mal Zeit für mich genommen.«
& dabei die Natur, Vögel und Pflanzen sowie meine Mit-
menschen wahrgenommen.
Stattdessen fühle ich mich schlecht, weil ich nichts »sinn-
volles« fürs System getan hab.
Je länger ich darüber nachdenk', desto mehr lach ich mich
schlapp! ▶

Geld kommt und geht,
doch die Zeit ist das, was niemals steht.
Doch wie ein Hamster weiterhin im Rad zu laufen,
bringt Dich und mich und nicht die Zeit zum Schnaufen!

Manchmal vergisst man, man ist ein strahlender Stern
& alles um einen herum hält einen vom Leuchten fern.
Man weiß einfach nicht mehr weiter
& kommt keine Sprosse höher auf der Leiter.
Man weiß selbst nicht, warum man nicht strahlen kann
& der Schalter zum Glücklichsein geht einfach nicht an.
Eventuell hat man Angst unter zu gehen
& sich selbst im Weg zu stehen.
Vielleicht sollte man überlegen, sich Hilfe zu suchen
& statt einem »all-inclusive« Urlaub lieber einen Therapie-
    platz buchen.
Zuerst kostet es einem ganz viel Kraft und Mut,
doch irgendwann verfliegt der Schmerz und man merkt,
    dass es einem gut tut.
& irgendwann fängt man auch wieder mit leuchten an
& man merkt wie stark man strahlen kann.

Viele Menschen wissen, wer sie sein wollen,
aber wissen nicht, wie sie dorthin kommen sollen.
Sie haben ihren Plan fürs Leben,
doch können dafür nicht alles geben.
Denn sie sind noch von Vorerfahrungen blockiert
& haben sich selbst noch nicht ausreichend reflektiert.
Man muss selbst erst wissen, wer man ist,
sodass man seine eigenen Prinzipien weiß und nicht
    vergisst.
Nach dem Motto: »Der Weg ist das Ziel«.
Schließlich ist das Leben auch nur ein Spiel.
Ein Spiel in dem man sich auch mal verlaufen kann.
Hauptsache man geht seinen Weg und kommt am
    Ziel an.

Das nächste Kapitel in meinem Leben ist jetzt vorbei
& jedes Mal wenn ein Kapitel endet, fühle ich mich
    danach nicht so frei.
Zunächst wächst nur die Trauer
& die hält an, wie ein Regenschauer.
Warum entscheide ich mich immer wieder, neue Kapitel
    in meinem Leben aufzuschlagen?
& warum suche ich nach Antworten und entdecke nur
    noch mehr Fragen?
Irgendwie ist die einzige Konstante in meinem Leben die
    Veränderung.
Als bräuchte ich neben alltäglichen Herausforderungen
    noch »extra Schwung«.
Im Moment weiß ich noch nicht, warum ich das
    immer tu,
denn im Augenblick ist das nächste Kapitel noch zu.
Doch in den nächsten Wochen und Jahren
werde ich immer weiterblättern und noch mehr über
    mich und das Leben erfahren.
Ich weiß, dass ich mich darauf freuen kann,
doch derzeit fühlt es sich noch nicht so an.
Ich bin traurig über die Menschen, die ich in diesem
    Kapitel lasse
& hab Angst, dass ich ohne diese ebenfalls neue Erfahrun-
    gen und Erlebnisse verpasse. ▶

Aber vielleicht wird im nächsten Kapitel stehen,
dass sie weiterhin mit mir an meiner Seite gehen.
Vielleicht sollte ich auch einsehen, dass noch gar nichts
    im nächsten Kapitel steht
& ich gemeinsam mit dem Leben entscheide, wer mit mir
    durch die nächsten Zeilen geht.
Schließlich bin ich die Autorin von meinem Leben.
Wenn ich das lese, kann es nichts Schöneres geben.
Auf einmal fühle ich mich wieder frei
& der Regenschauer ist vorbei.

▶ Im Karl-Heine-Park, Leipzig

► Einfach Fahrrad fahren

4   Die Gesellschaft, der Kapitalismus und die Probleme, die ich damit habe

Von allen Kapitelüberschriften ist mir diese die liebste. Manchmal kommt es mir so vor, als würde ich zu wenig über mich selbst nachdenken – aber umso mehr über unsere Welt, ihre Zukunft und die sozialen Ungerechtigkeiten, die sie prägen. In diesen Texten versuche ich, den Schmerz, die Trauer und sogar die Wut, die mich dabei erfüllen, zu verarbeiten. ►

Wie krank macht uns unser System
& ab welchem Zeitpunkt wird es unangenehm?
Was wird als erstes passieren?
Was braucht es, damit *wir* die Nerven verlieren?
Müssen zuerst alle Blumen und Bienen aussterben?
Damit wir uns Gedanken machen, was *wir* für eine
    kranke Welt vererben?
Durch unseren steigenden und unreflektierten Konsum-
    wahn
gibt es 2050 mehr Plastik als Fische im Ozean.
Diese Fakten sind traurig, aber wahr
& das Wissen darüber ist schon lange da.
Doch die Menschen, die etwas ändern könnten auf
    unserer Welt,
interessieren sich nur für ihren Profit und ihr Geld.
Doch es kann nicht immer nur Wachstum geben
& allein daran zu glauben, ist voll daneben.
Vor allem wenn der Wachstum auf Ausbeutung und end-
    lichen Ressourcen beruht,
nimmt mir die Politik jede Hoffnung und meinen Mut.
Ändern muss sich was!
Die Frage ist nur: Wie mach ich das?
Es gibt nur eine Option:
Es ist Zeit für eine Revolution!

»Leben und leben lassen.«

– Doch ich muss mich doch an die Gesellschaft
  anpassen!

»Ich bin ja kein Nazi, aber …«

– Ganz ehrlich: Ich habe kein Bock auf dein dummes
  Gelaber!

So viele Floskeln, die alles und dennoch nichts sagen

& ich mich frag: Kann man sich nicht einfach vertra-
gen?

Können wir nicht einfach alle nett zueinander sein?

& zwar nicht aus Muss, sondern weil wir es ernst mein'.

Irgendwie sehe ich so oft Menschen voller Wut,
  Hass und Neid

& jede Person, die so lebt und handelt, die tut mir leid.

Manchmal habe ich das Gefühl, viele hätten nicht
  verstanden, um was es eigentlich im Leben geht.

Nämlich, dass glücklich sein und Zufriedenheit im
  Vordergrund steht.

Stattdessen überlegt man lieber was einem noch fehlt

& welches Outfit man als nächstes wählt.

Ich wünschte, ich könnte der Welt sagen: »Ihr seid alle
  genug!«

& jeder, der etwas anderes sagt, erzählt Unfug! ▶

Doch irgendwie werden wir durch Social Media
und co in eine falsche Richtung gelenkt.
Kein Wunder, dass kaum noch jemand über sein
eigenes Glück nachdenkt.
Stattdessen sagt man einfach weiter: Das haben
wir schon immer so gemacht
& über freies und frohes Denken wird lieber nur
gelacht.
In meinen Augen ist das eine traurige Welt,
in der für viele nur ein Gedanke zählt: das Geld.

Kommt es mir nur so vor?

Oder habt ihr auch so einen Druck auf dem Ohr?

Habt ihr auch so die Schnauze voll?

Denn die Politik in Deutschland nervt einfach zu doll?!

Hauptsache egoistischer Lobbyismus oder Korruption,

aber das Beste für die Bevölkerung und deren Zukunft ist keine Option.

Egal ob Forstwirtschaft oder Krankenhaus,

es geht nur darum: Wie viel Profit bekommen wir daraus?

Dass es hierbei um Menschenleben geht,

wird vergessen, weil das Geld im Vordergrund steht.

Tag ein, Tag aus, reißen sich Menschen in »undankbaren« Berufen den Arsch auf.

Doch kein Ende ist in Sicht von diesem Teufelskreislauf,

denn kein Geld für bessere Arbeitsbedingungen wird investiert

& andere Arbeitsmodelle mit wenigeren Stunden werden nicht ausprobiert.

Stattdessen gibt es als Dankeschön ein paar leere Worte oder Applaus,

dabei wären faire Arbeitsbedingungen viel fairer im Krankenhaus. ▶

Warum zur Hölle können sich Politiker*innen so eine
   fehlerhafte Politik erlauben?
Liegt es daran, dass *wir* zu sehr an dieses fragwürdige
   System glauben?
Einem System voller Ausbeutung, Ungerechtigkeit und
   Leid?
Schwören Politiker*innen nicht auf irgendeinen wichtigen
   Eid?
Ein Eid oder Versprechen auch die nächsten Generatio-
   nen zu retten?
Doch Lobbyismus und Korruption legen die faire Politik
   in Ketten!
Statt auf Wissenschaft oder Vernunft zu hören,
bekommt man als engagierter Klimamensch nur das
   Gefühl zu stören.
Lassen sich die Politiker*innen da oben einfach nicht
   stressen
& haben ihre politische und gesellschaftliche Aufgabe
   über die Jahre vergessen?
Kann mir das mal bitte jemand erklären?
Wenn nicht, dann ist es nämlich Zeit sich zu wehren!
Zu wehren gegen die veralteten Gesetze und Regeln vom
   Patriarchat.
Ich hätte lieber eine Mutter als einen Vater Staat!
Verloren hat die Politik jeden Bezug zur Realität,
genauso wie den zur Menschlichkeit und Loyalität. ►

Drum müssen wir weiterkämpfen und uns zusammentun
— und schaut nur, wie viele WIR mittlerweile sind!
Wir kämpfen weiter, solange bis der Umweltschutz,
die Freiheit und die Gerechtigkeit gewinnt!

Manchmal fühle ich mich so ohnmächtig
  – so ohnmächtig, weil ich ohne Macht bin
& dann frage ich mich: Hat mein ganzer Lärm überhaupt
  einen Sinn?
Wenn ich über unsere Welt nachdenke, fühle ich mich
  manchmal so traurig und leer
& die Gedanken an eine freie, schöne Welt, die fallen mir
  schwer.
Im Augenblick kann ich gerade nicht mal Wut
  empfinden,
denn der Kapitalismus und weigernde Umweltpolitik
  lassen meine Hoffnung schwinden.
Doch lohnt es sich überhaupt traurig zu sein?
Nur für den Moment ja, ansonsten nein.
Denn nur wer sich laut macht, wird auch gehört
& anschließend wird das kranke System zerstört.

Warum gehen wir eigentlich so viel Arbeiten
& warum lassen wir uns von so sinnlosen Idealen
leiten?
Wir könnten doch Dank der ganzen Technik endlich
wieder lernen zu chillen,
im Garten Blumen, Bienen beobachten und dabei ent-
spannt grillen.
Stattdessen hetzen wir weiter durch diese Welt
& haben nur ein Ziel: »Noch mehr Geld«.
Doch warum dieser fragwürdige Wachstum und Fort-
schritt?
Die Natur und Umwelt kommen schon gar nicht mehr
mit.
Denn wir fahren gerade mit Höchsttempo gegen eine
Wand
& dabei haben wir unser Schicksal selbst in der Hand.
Doch kaum einer hat den Mut das einzusehen,
so wächst der Kapitalismus weiter und der Umweltschutz
bleibt stehen.

Ich fahre gerne meinen geleasten SUV
& nein, mit dem Fahrrad fahre ich nie.
Außer vielleicht im Fitnessstudio,
denn dort verbrenne ich dann die »unnötigen« Kilo.
Klar könnte ich im Alltag auch mit dem Fahrrad fahren
& so nicht nur Geld, sondern auch CO_2 einsparen.
Aber weil das alle von meinen Freund*innen so
    machen,
wieso sollte ich Nachdenken über solche Sachen?
Schließlich ist das Auto ein Teil von meinem Leben
& das will ich nie wieder hergeben!
Das wäre ja auch ein Verrat an der Autoindustrie.
Ne, ne, ne, ich fahr lieber weiter SUV.

Warum sind wir Menschen so schlecht zueinander?
& leben nicht einfach friedlich miteinander?
In den USA beispielsweise ist in den letzten Jahren so
viel Blut geflossen,
denn es werden *jährlich 40.000 Menschen* erschossen.
Das sind etwa *100 Menschen* an einem Tag.
Als ich diese Zahl las, traf sie mich wie ein Schlag.
Doch was haben die Menschen dort für einen Grund?
Ich dachte immer, die USA sei ein friedlicher Völker-
bund?
Ich glaube, ein Grund ist der Kapitalismus in der
Endstufe.
Denn so hört keiner mehr irgendwelche Hilferufe,
& die Armut und Spaltung in diesem Land
treiben viele Menschen an den Rand.
An den Rand der Gesellschaft, wo sie eigentlich nicht
hinwollen,
doch ohne Sozialsystem sich nur noch fragen können,
wo sie sonst hinsollen.
Denn in der freien Marktwirtschaft sind nicht die Men-
schen, sondern der Markt frei.
Darum hat Amazon auch einen Billionenmarktwert
von Drei. ►

Hauptsache der Wachstum besteht weiterhin in den
    großen Unternehmen.
So kann man auch besser ablenken von den wichtigeren
    Tagesthemen.
Ich meine, Sozialleistungen und Krankenkasse für alle
    bringen dem Staat kein Geld ein.
& reiche Firmen stärker zu besteuern kann ja auch nicht
    die Lösung sein.
Deswegen überlässt man auch den Reichen die Welt,
obwohl sie diese noch nicht gekauft haben mit ihrem
    ganzem Geld.
Dass Kinder und andere Menschen sterben, ist ihnen
    egal.
Hauptsache ihr Produkt steht weiterhin im Regal.
Soziale Ungerechtigkeit und Menschenleben sind einfach
    nicht so viel Wert.
Traurig, dass der Kapitalismus solche Gedanken
    bestärkt.
Wieso legt der Mensch sich solche Ketten an?
Von denen er sich selbst nicht mehr befreien kann?
Stattdessen erschießen arme Menschen sich gegenseitig
& der DAX steigt in der Zwischenzeit fleißig.
Sonst würde das System ja auch nicht weiter
    funktionieren,
sondern irgendwann einfach kollidieren.
& wir »ärmeren« Menschen wären am Ende frei.
Ach was wäre das für eine schöne Gedankenspinnerei.

Hast Du was, bist Du was
& Du bist wer, wenn Du was hast.
& wenn Du nichts hast,
dann hast Du was verpasst.
Doch egal wie viele Eigentümer Dein Leben zählt,
es kommt nur darauf an, was Dir noch fehlt.
Drum müssen die Leute während einer Pandemie auch
arbeiten gehen,
denn sonst bleibt noch das System stehen.
Nicht dass sie noch anfangen dieses zu hinterfragen
& dann keine Lust mehr haben dafür Verantwortung zu
tragen.
Deswegen geben wir den Menschen keine Zeit zum
Nachdenken,
nicht dass sie noch das System in eine andere Richtung
lenken.
Schön arbeiten sollen die da alle!
Dafür dürfen sie auch einmal im Jahr auf Malle.
Man muss den Ameisen ja auch mal was zu essen
geben,
sonst arbeiten sie ja nicht ihr komplettes Leben.
Ach Mensch, welch ist das eine schlaue List!
Hoch lebe der Kapitalist!

► PMS

▶ Nachtleben in Münster

► Tagsüber in Münster

5 Das große Thema: Freiheit

FREIHEIT – Dieses Wort ist so verdammt groß. Nicht nur, wenn man es großschreibt, sondern einfach so. Es sagt irgendwie alles und nichts. Wir leben in Deutschland, in einem der freiesten Länder der Welt. Aber fühlen wir uns wirklich frei? Im Hamsterrad des Alltags? Manchmal weiß ich es nicht. & Dir wünsche ich viel Spaß beim Philosophieren darüber. <3 ▶

Ich glaube, so fühlt sich Freiheit an,
wenn man donnerstags bis halb elf schlafen kann.
Wenig Verpflichtungen und prinzipiell wenig zu tun,
bringen meine Seele und mich zum ruh'n.
Ich kann selbst frei entscheiden, was ich machen will
& wenn ich nichts machen will, bleib ich einfach still.
Selbst die Natur will gerade Pause machen
& lässt den Winter über sich wachen.
Draußen liegt auch noch etwas Schnee
& sogar das Wasser gefriert auf dem schlafenden See.
Wie schön ist es, dass ich mir meine Zeit selbst einteilen
	kann.
Aus dem Grund lass ich meinen Schlafanzug jetzt an.
& ich bin froh, dass ich nicht so wie die Meisten bin,
denn so verleih' ich meinem Leben einen ganz eigenen
	Sinn.
Bestimme einfach selbst über meinen Tag
& schreibe, lese und tue all das, was ich mag.

Ich genieße die Freiheiten in meinem Leben
& würde dafür auch alles geben,
denn das Leben bietet nun mal so geilen Scheiß!
Mir tut jede Person leid, der das nicht weiß.
Schließlich muss man nur richtig hinsehen,
um anschließend seinen eigenen Weg zu gehen.
& dabei niemals zu vergessen:
Es ist Schwachsinn, sich mit Anderen zu messen.
Also einen Fick auf all die anderen Leute!
Darauf hebe ich mein Glas und genieß den Tag heute.

»Die Freiheit der Kunst ist das, was *uns* antreibt«
Ist die Freiheit der Kunst noch das, was uns bleibt?
Fühlen wir uns »nur noch« mit dem Privileg der Kunst
    frei?
& fühlen sich deswegen Künstler*innen oft so, als wären
    sie high?
In ihren eigenen Gedanken und ihren Rausch.
Oder mit anderen über künstlerischen Austausch.
Ist die Kunst das Einzige, was uns noch an Freiheit
    bleibt?
Ist das der Grund, warum ein jeder Dichter immer weiter
    schreibt?
Ist es Kunst, sich die Welt schöner vorzustellen, als sie
    eigentlich ist?
Weil man weiß, dass einen die Realität sonst innerlich
    zerfrisst.
Was soll uns noch außer Kunst und Kultur zum Träumen
    animieren?
Denn andere Fakten und Zahlen zum Weltgeschehen
    lassen uns nur noch mehr deprimieren.
Ist es die Freiheit des Schreibens, was mich antreibt?
Oder rede ich mir das ein, weil mir sonst keine Wahl
    bleibt?

»Wer die Freiheit liebt, liebt die Einsamkeit.«[1]
Wer die Freiheit liebt, liebt seine freie Zeit.
Doch warum haben oftmals Beziehungen so einen negativen Beigeschmack?
Warum sind Menschen in Beziehungen oft so träge und nicht mehr auf Zack?
Warum kann man nicht frei und vergeben gleichzeitig sein?
& warum sind so viele lieber unglücklich vergeben, als glücklich allein?
Weil man nie gelernt hat allein zu leben
& das darf man nicht zugeben?
Man sollte wissen, dass man auch allein »reicht«,
auch wenn das vom Denken vieler Anderer abweicht.
Das Leben besteht nun mal aus Höhen und Tiefen, wie bei einer Achterbahn.
& auch wenn ich mich dabei manchmal allein gefühlt hab, war ich nur ich, dennoch nie einsam.
Meistens bin ich sogar ziemlich glücklich mit mir zu sein,
weil ich niemanden brauch außer mich allein.

---

1   Provinz: Tanz für mich

► Schlafende Ruhe im Regio

▶ Frischer Kaffee in Zeiten von Corona

6 Das andere große Thema: Liebe

Ehrlich gesagt, ist es mir fast ein bisschen unangenehm, Liebesgedichte zu schreiben – oder sie gar auf Bühnen laut vorzulesen. Ich bin lieber »cool« und »stark« als »weich«. Was, wie ich selbst weiß, vollkommen dumm ist. Trotzdem oder gerade deshalb stehen diese Texte jetzt hier in diesem Buch. Also: Herzlich willkommen! Fühl dich eingeladen, in meine kleine Liebeswelt einzutauchen. ▸

Ich habe auf einmal so viel Liebe in mir
& weiß gar nicht wohin mit ihr.
Als hätte ich gelernt loszulassen,
sodass fast alle Puzzleteile zusammenpassen.
Als wäre dieser Kanal bis hierhin irgendwie blockiert
    gewesen,
doch jetzt ist er gelöst und ich fühle mich wie auf einem
    fliegenden Besen.
Es fühlt sich so gut an,
dass ich mein Glück kaum fassen kann.
Ich muss nur lernen mir die Euphorie zu bewahren
& darf mich nicht im Rausch des Glücks verfahren.
Denn ein guter, freier Mensch voller Liebe will ich sein
& das am liebsten mit so vielen, aber auch mit mir
    allein.

Ich kann so vielen Menschen einfach Liebe geben
& ich glaube, viele spüren dadurch wieder ein Stück
    Hoffnung in ihrem Leben.
Indem ich einfach »nur« zuhöre und sage, wo ihre
    Stärken sind
& dass ich niemals sie, sondern das System scheiße
    find!
Denn eigentlich ist jeder von uns ein strahlender
    Stern,
doch manchmal halten uns gesellschaftliche Konstrukte
    vom Leuchten fern.
Man muss erst wieder lernen, sich eben nicht mehr
    anzupassen
& die Erwartungen von anderen Menschen loszulassen.
Denn das Wichtigste ist, dass man sich selbst nicht
    vergisst
& für sich selbst lernt, wie toll und strahlend ein
    Mensch ist.

Du meinst zu mir: »Ich muss mich noch finden«.
Meinst Du damit: »Ich soll mich binden«?
Du sagst, Du hättest Dich bereits gefunden,
denn Du bist ja schon an jemanden gebunden.
Doch ich will keine Beziehung, um glücklich zu sein!
Glücklich und zufrieden bin ich mit mir ganz allein.
Du sagst, Du seist schon angekommen
& diese Aussage habe ich auch wahrgenommen.
Doch will man mit Anfang 20 überhaupt angekommen
    sein?
Wenn ich darüber nachdenke, denkt sich alles in mir:
    »Nein!«
Ich glaube es gibt einen Unterschied zwischen:
»Ich habe mich gefunden« und *»Ich habe mich damit ab-
    gefunden«*
& zwischen diesen Einstellungen liegen Jahre, Wochen
    und einzelne Stunden.
Stunden und Augenblicke, in denen man viel nachdenkt
& anschließend sein Leben in seine Richtung lenkt.
& ich will viel lieber noch mehr reisen und träumen,
denn ich habe sonst Angst, was in meinem Leben zu ver-
    säumen.
Doch wenn Du meinst, dass Dir so ein Leben *reicht*,
merke ich, dass das von meiner Auffassung abweicht.
& man soll ja nicht urteilen,
aber Dein Leben würde mich langweilen. ;)

———————

Du verlorst Deine Manieren
& ich vergaß am Anfang zu kapitulieren.
Du kamst mir immer näher
& Nein zu sagen fiel mir schwer.
Deine Taten bringen mich zum Entsetzen,
doch anstatt was zu sagen, hatte ich nur Angst, Dich zu
    verletzen.
Das lag daran, dass ich kurz den Kontakt zu mir selbst
    verloren hatte,
denn ich machte mir nicht um mich, sondern nur um
    Dich eine Platte.
Wie konnte es überhaupt so weit kommen?
Hatte der Alkohol zu sehr meine Sinne benommen?
Hat Dir meine Abweisung und das Nein nicht gereicht?
Machte meine Inkonsequenz es Dir zu leicht?
Doch warum hast Du immer weitergemacht?
Was hast Du Dir dabei bloß gedacht?
Trotz so viel Unverständnis und Fragen,
will ich diese Aktion einfach nicht wahrhaben.
Am Ende empfinde ich sogar noch Mitleid für Dich,
doch wer will schon Mitleid?
Das ist nur jämmerlich.

Ich schau Dich nicht mehr mit so einer Leichtigkeit an

& frag' mich, warum ich das auf einmal nicht mehr
kann.

Als würde ich Dich auf einmal durch andere Augen
sehen

& kann das selbst nicht ganz verstehen.

Ich lern' gerade eine ganz neue Seite von Dir kennen

& würde am liebsten vor dieser wegrennen.

Du bist so voller Zorn, Hass und Wut

& dieser Ballast tut Dir gar nicht gut.

Du meinst auf anderen Substanzen bist Du mehr Du
selbst.

Ich weiß nicht, ob mir dieser Gedanke gefällt.

Warum kannst Du nicht ohne Drogen so frei und offen
sein?

Stattdessen fühlst Du Dich ohne oft einsam und allein.

Ich will mir doch, um Dich und mich keine Sorgen
machen,

doch ich habe Angst, dass wir verlieren unser Lachen.

Mich zieht die Situation auf alle Fälle runter

& ich fühle mich nicht mehr so aufgeweckt und munter.

Vielleicht hatte ich auch einfach eine andere Vorstellung
von Dir.

Was voll unfair ist, weil dann liegt der Fehler bei mir.

Doch ich kann nicht aufhören nachzudenken,

wohin wir jetzt unsere Beziehung lenken. ►

Ich will Dich mit Deinen Problemen auch nicht allein
lassen,
aber ich habe keine Kraft, um auf Dich »aufzupassen«.
Am liebsten würde ich zu Dir sagen:
Lass doch unsere Probleme auf wann anders vertagen.
Ich warte mit Geduld dann oben auf dem Berg auf
Dich,
aber vielleicht gehst Du dann einen anderen Weg und
siehst mich gar nich'.
Ich kann nur hoffen, dass die Zukunft uns die Antworten
bringt,
aber ich darf nicht die sein, die Dich zur Veränderung
zwingt.

Können wir nicht einfach gemeinsam traurig sein?
Dann wäre keiner von uns beiden gerade allein.
Dann könnten wir uns gegenseitig Trost schenken,
um uns gegenseitig von dieser Situation abzulenken.
Warum muss man diesen Schmerz ganz allein
    ertragen?
& warum hatten wir keine Antworten auf unsere ganzen
    Fragen?
Ich wünschte eine Beziehung wäre wirklich so einfach,
    wie man am Anfang denkt.
Doch leider ist man da viel zu doll von der Rosabrille
    abgelenkt.
Mich hat es einfach traurig gemacht, Deine andere Seite
    zu sehen
& aus diesem Grund kann ich nicht bei Dir bleiben,
    sondern musste gehen.
Ich bedanke mich trotzdem für die kurze, aber schöne
    Zeit
& der Schmerz in Deinem Herz, der tut mir leid.
Ich hoffe so sehr, dass wir uns irgendwann wieder-
    sehen,
doch bis dahin müssen wir unterschiedliche Wege
    gehen.

Ich muss dringend Abstand zu Dir gewinnen,
sonst fängt mein Herz an aus dem Rhythmus zu
    springen.
Manchmal kann ich gar nicht anders, als an Dich
    zu denken
& kaum ein Gedanke lässt mich von Dir ablenken.
Doch erst muss ich lernen, Dich vollständig loszulassen,
denn im Moment versuche ich mich eher Dir
    anzupassen.
Doch räumliche Distanz schafft emotionale
& das ist wichtig für die zukünftigen Male.
In denen, wo wir uns irgendwo wiedersehen,
doch wo ich bis dahin gelernt habe, Dir zu widerstehen.

Wie gern würde ich Dir sagen, wie sehr ich Dich mag.

Wie gern würde ich Dir sagen, dass ich an Dich denke
jeden Tag.

Wie gern würde ich Deine Lippen auf meinen
Lippen spüren.

Wie gern würde ich manchmal Deinen Körper
berühren.

Wie gern verbringe ich einfach nur Zeit mit Dir.

Wie gern würde ich sagen: »Kommst Du noch
mit zu mir?«

Wie gern hätte ich den Mut einfach zu fragen.

Wie gern würde ich den 1. Kuss einfach wagen.

Doch das Schwierigste am »einfach« ist eben
das *ein-fach*.

Bis ich irgendwann alle Ängste fallen lass' und
es *einfach* mach.

Was bedeutet eigentlich glücklich sein?
Reicht dafür manchmal schon der Sonnenschein?
Was bedeutet es, einen Menschen wirklich zu lieben?
Bedeutet das, sein eigenes Glück zu verschieben?
Die Verantwortung für Dich selbst abzugeben?
& Dich abhängig zu machen in Deinem Leben?
Wie naiv ich diese Vorstellung finde.
Für mich machen sowas nur Blinde.
Menschen, die blind vor Liebe sind
& der Verstand einfach entrinnt.
Warum sind so viele Menschen so benommen?
& brauchen jemanden um anzukommen?
Erst musst Du Dich selbst finden,
dann kannst Du Dich an andere binden.
Ich glaube, glücklich sein bedeutet, das verstanden
    zu haben
& diese Weisheit raus in die Welt zu tragen.

Ich bin verrückt genug mich in dieser Welt zu verlieben
& es fühlt sich an, als könnte ich fliegen.
Als könnte ich die ganze Zeit durch die Gegend tanzen
& es fühlt sich an wie auf chemischen Substanzen.
Doch manchmal ist die Welt viel verrückter als ich.
Doch genau dann fühle ich mich bei Dir so friedlich.
Als hätte man eine Atempause von dem ganzen Lärm
& die ganzen Weltprobleme sind für einen Moment
    fern.
Ich bin dankbar, dass ich so etwas fühlen kann.
Ja ich glaube, so fühlt sich verliebt sein an.

Jetzt liegst Du endlich wieder neben mir,
Doch es fühlt sich an, als wärst Du nicht hier.
In Deinem Kopf geistern schon wieder so viele
    Gedanken herum,
darum liegst Du zwar in meinem Arm, aber
    bleibst stumm.
Wenn ich Dich so sehe, bricht mein Herz
& ich habe das Gefühle, ich teile Deinen Schmerz.
Ich spüre, wie Dein Geist gefangen ist
& Dein negativer Gedankenstrudel Dich innerlich
    zerfrisst.
Wahrscheinlich ist es eine frustrierende Gedanken-
    spirale
& Dir dabei nicht helfen zu können, ist das Mühsale.
So bleib ich weiter einfach still neben Dir liegen
& hoffe, Du wirst diese bösen Gedanken irgendwann
    besiegen.

Ich sehe Dich herausfordernd an
& zieh Dich langsam an mich heran.
Unsere Lippen treffen sich in der Mitte.
»Zieh Dich aus«, ist meine zärtliche Bitte.
Ich will jede Körperstelle von Dir berühren
& Dich ganz nah bei mir spüren.
Unsere Atem gewinnen an Geschwindigkeit
& die Klamotten verlieren gegen die Nacktheit.
Trotz Routine verliert das Liebesspiel keinerlei
    Aufregung.
Genauso spüre ich unsere gegenseitige Hingebung,
als würden wir einander inspirieren
& unsere Seelen miteinander fusionieren.

Gib mir einen Grund und ich geh.

Gib mir einen Grund, dass ich Deiner Ausstrahlung
widersteh.

Gib mir den Grund, warum Du meine Liebe nicht
annehmen kannst.

Oder ist der Grund dafür: Deine Angst?

Angst jemanden kennengelernt zu haben, der Deinen
Idealen entspricht.

Doch statt Freiheit und Glück empfindest Du nur
Pflicht.

Die Pflicht, Erwartungen zu erfüllen.

»Doch ich habe keine!«, würde ich am liebsten brüllen.

Die Frage ist, willst Du allein oder gemeinsam Deine
Angst besiegen?

Gib mir einen Grund und ich lass' Dich allein links-
liegen.

Ich gab Dir nicht nur die Macht mich zu verletzen.
Ich gab Dir die Macht mein Herz zu zerfetzen.
Ich wünschte, Du würdest sehen, dass Du so viel
    Rückhalt und Glück verdient hast.
Doch vielleicht ist dies auch das, was zu Deiner
    melancholischen Art passt.
Ich durfte zwar hinter Deine Mauer blicken,
doch keine maroden Löcher flicken.
Ich durfte sehen, was für ein toller Mensch Du bist,
doch genauso wie Deine Angst Dich innerlich zerfrisst.
Aber ich bin dankbar für unsere gemeinsame Zeit.
Doch ich lass Dich jetzt allein mit Deinem Leid.
Wie gerne hätte ich zum Abschied noch einen Kuss.
Ein letztes Mal Deine Lippen spüren und dann ist für
    immer Schluss.

Es fühlt sich an als wäre zwischen uns eine Mauer
& Du liegst dahinter auf der Lauer.
Denn aus Verliebtsein wurde Vertrauen, aus Vertrauen
  Angst und aus Angst, Wut.
& Du merkst, dass Dir nicht mehr Nähe, sondern Distanz
  gut tut.
& das Verstehen und Akzeptieren lernen tut weh.
& aus Deinen Lippen zu hören: »Bitte geh.«
Ich geh und lass Dich allein
& hoffe dabei insgeheim,
dass Du Deinen Weg bestimmst
& nicht zur Verdrängung noch mehr Drogen nimmst.
Doch selbst das muss ich akzeptieren
& muss an meine Zurückhaltung appellieren.
Fuck, tut das weh!
Doch es ist Zeit, dass ich weitergeh'.

Ich kann es nicht fassen!
Endlich schaffe ich es Dich loszulassen.
All der Schmerz deinetwegen ist nun vorbei
& ich fühle mich endlich wieder frei.
So frei wie lange nicht mehr
& dieses Gefühl vermisste ich so sehr.
Ich fühlte mich lange verletzt und auch deswegen lost.
Doch durch Deine ehrlichen Worte per Post
ist nun wieder Frieden in mir und zwischen uns
   eingekehrt.
& ich hoffe, dass mir so ein Schmerz nicht noch einmal
   widerfährt.

Oh, ich lass mich gerne gehen.
Oh, ich kann Dir nicht widerstehen.
Unsere Körper reiben aneinander
& wir kennen nur noch ein Miteinander.
Mein Orgasmus ist Dein Ziel.
Es ist so ein aufregendes Liebesspiel.
Ich merke, wie Du mich mehr und mehr entdeckst
vom Hals, zur Brust bis Du mich leckst.
Mein Herz fängt an, noch schneller zu pulsieren,
denn Du beginnst meine Klitoris zu stimulieren.
Ich zucke, stöhne und spanne an
bis mein Orgasmus kommen kann.

Was? Schon vorbei? Ja, leider schon – Du hast es »geschafft«. Danke dir fürs Lesen und dein Interesse! Aber keine Angst: Der zweite Teil, »Schlichter und Dichter Kunst«, ist schon in Arbeit. Vielleicht bis demnächst – ich würde mich freuen! :)

Über die Autorin

Elisa Adam ist Leipzigerin mit Herz und Seele. Nach ihrem Studium in Oldenburg kehrte sie in ihre Heimatstadt zurück. Unter ihrem Künstlernamen »Einfach Else« veröffentlicht sie nicht nur Gedichte, sondern tritt auch als Poetry Slammerin auf Bühnen in ganz Deutschland auf. In Leipzig ist sie vor allem für ihre einzigartigen Formate bekannt: Wie beispielsweise den »Queer Slam« im Werk 2, »Poetry and HipHop«, sowie ihre eigene »Einfach Elses Late Night Show« – beides in der Moritzbastei. Sie steht dabei nicht nur auf der Bühne, sondern wirkt auch organisatorisch sowie als Moderatorin mit. Die »Late Night Show« markiert dabei einen besonderen Meilenstein in ihrer künstlerischen Laufbahn.

Doch Elisa Adam bleibt nicht nur lokal verankert: Ihre Kunst war bereits in mehreren Städten ausgestellt und seit Kurzem gibt es ihren Podcast »Else & Friends« – zu hören auf allen gängigen Podcast-Plattformen.

Für Fragen zu meiner Kunst, Buchungsanfragen oder einfach so: Meldet euch gerne bei mir – ich freu mich auf eure Nachrichten!

E-Mail: elisa.adam@ymail.com
Instagram: einfach_else
Website: https://elisa-adam.com